COMPRENDRE
LA LITTÉRATURE

HONORÉ DE BALZAC

Le Lys dans la vallée

Étude de l'oeuvre

© Comprendre la littérature.

22 rue Gabrielle Josserand - 93500 Pantin.

ISBN 978-2-75930-341-0

Dépôt légal : Août 2023

Impression Books on Demand GmbH

In de Tarpen 42

22848 Norderstedt, Allemagne

SOMMAIRE

- Biographie de Balzac.. 9

- Présentation du *Lys dans la vallée*............................ 15

- Résumé du roman.. 19

- Les raisons du succès.. 29

- Les thèmes principaux... 33

- Étude du mouvement littéraire................................... 39

- Dans la même collection.. 43

BIOGRAPHIE DE BALZAC

Le 20 mai 1799, Honoré Balzac naît à Tours. Le nom ne comporte pas encore de particule. Honoré a deux sœurs, Laure (1800-1871), avec qui il est resté très lié (elle a publié sa biographie) et Laurence (1802-1825) qui la première bénéficia de la particule et qui mourut miséreuse, rejetée par sa mère sans raison particulière. Il a également un demi-frère, Henry (1807-1858) dont le père, Jean de Margonne, châtelain de Saché, reçut souvent Balzac jusqu'à sa mort en 1858.

De sa naissance à l'année 1804, Honoré est mis en nourrice à Saint-Cyr-sur-Loire, aujourd'hui faubourg de Tours. Il est ensuite externe dans une école de Tours, jusqu'en 1807. Les six années suivantes, Balzac les passe en tant que pensionnaire au collège de Vendôme, avant de rentrer quelques mois dans sa famille prendre du repos. Il souffre d'une sorte d'état léthargique dû à un abus de lecture. La famille Balzac s'installe rue du Temple, dans le Marais, en novembre 1814. Honoré poursuit ensuite des études de droit à la Sorbonne et au Muséum. Il effectue deux stages comme clerc qui le marquent profondément.

En 1819, le père Balzac ayant pris sa retraite, la famille déménage à Villeparisis. Honoré réussit à convaincre ses parents de le laisser entreprendre une carrière d'écrivain, et obtient d'être logé dans une mansarde, rue de Lesdiguières. C'est là qu'il rédige sa première tragédie, cinq actes en vers, qu'il intitule *Cromwell* et qu'il termine en 1820. La pièce n'obtient pas le succès espéré, et l'un de ses lecteurs, professeur au Collège de France et académicien, lui conseille même d'oublier définitivement la carrière d'écrivain. Balzac poursuit cependant ses efforts, et s'oriente vers la philosophie, avec *Falthurne* (1820), *Sténie* (1821) et *Un traité de la prière* (1823) suivi d'un second *Falthurne* aux accents mystiques. De 1822 à 1827, il publie sous différents pseudonymes un nombre considérable de romans mineurs, souvent des commandes, que l'on pourrait considérer comme du travail alimentaire, et qu'il qualifie de « cochonneries littéraires ». L'année 1822 voit également le début de sa longue liaison avec Antoinette de Berny, rencontrée à Villeparisis l'année précédente. Cette femme, deux fois plus âgée que lui, a eu un double rôle dans sa vie affective, celui de maîtresse et celui de mère de substitution. Trois ans plus tard, Balzac rencontre la duchesse d'Abrentès, qui devient également sa maîtresse et le fait entrer dans le monde.

De 1825 à 1828, Honoré se lance dans les affaires. Tour à tour éditeur, imprimeur, fondeur de caractères, il se constitue une expérience de la vie qui enrichit considérablement son œuvre, mais qui le laisse également criblé de dettes. En septembre 1828, il commence la rédaction du livre *Les Chouans*, premier roman qu'il signe de son nom et qui paraît en mars 1829. C'est le début du succès, et d'une très longue série de publications : *Physiologie du mariage* en 1829, qu'il publie sous couvert d'anonymat ; *Scènes de la vie privée* en 1830 qui réunissent en deux volumes six courts récits, puis quinze dans une réédition en quatre tomes de 1832 ; *La Peau de chagrin* en 1831, repris pour former la même année, avec douze autres récits, les trois volumes de *Romans et Contes philosophiques* ; *Les Nouveaux Contes philosophiques* en 1832 qui complètent la précédente publication de quatre nouveaux récits ; *Le Médecin de campagne* en 1833. Il reçoit en 1832 d'Odessa la première lettre de Madame Hanska, sa future femme, qu'il rencontre pour la première fois en septembre 1833.

De 1828 à 1833, Balzac donne une foule de textes divers à différents périodiques, activité qu'il poursuivra toute sa vie mais à une plus faible cadence. C'est durant cette période qu'il se sépare de la duchesse d'Abrantès, qui devient une amie. Sa relation avec Laure de Berny, quant à elle, suit son cours. Il a également à cette période une maîtresse plus discrète, Maria du Fresnay, qui lui donna une fille, Marie du Fresnay, en juin 1834. Son travail acharné n'empêche pas Balzac de mener une vie d'homme du monde. Il est très présent dans les salons littéraires, et envisage même de se présenter aux élections législatives de 1831.

En octobre 1833, il signe un contrat pour la publication des *Études de mœurs au XIXe siècle*. Ce grand ensemble se divise en trois parties de quatre tomes chacune : les *Scènes de la vie privée*, *Scènes de la vie de province* et *Scènes de la vie parisienne*. Il paraîtra entre décembre 1833 et février 1837 en ordre dispersé. Il publie en parallèle les vingt volumes des *Études philosophiques*.

Fin 1835, Balzac prend une part majoritaire dans un journal politique et littéraire qui est dissous six mois plus tard : la *Chronique de Paris*. Il a également la surprenante idée de rééditer, de 1836 à 1840, une partie de ses romans de jeunesse sous le titre *Œuvres complètes d'Horace de Saint-Aubin*, en seize volumes.

Quatre ans après, il préside la récente Société des gens de lettres et y défend ses idées concernant la protection de la propriété littéraire et des droits d'auteur. La même année, il se présente comme candidat à l'Académie française mais s'efface devant Victor Hugo. Il fonde en 1840 la *Revue parisienne* où il insère son fameux article sur *La Chartreuse de Parme* et qui disparaîtra au bout du troisième numéro. Cette année voit également sa pièce *Vautrin* interdite dès le lendemain de la première.

Sa relation avec Madame Hanska prend un tournant concret début 1834 quand ils passent un mois et demi ensemble à Genève. Ils se retrouvent en mai ou juin 1835 à Vienne, avant une séparation qui dura huit ans. Madame de Berny meurt le 27 juillet 1836. Deux mois auparavant était né Lionel-Richard, fils présumé de l'écrivain et de la comtesse Guidoboni-Visconti. De nombreux voyages ponctuent cette période, où il rencontre Talleyrand et George Sand entre autres, qui lui suggère le sujet de *Béatrix*. En 1836 et 1839, il effectue un court séjour en prison, pour avoir tenté d'échapper à ses créanciers. Il s'installe à Passy dans la demeure connue aujourd'hui sous le nom de « Maison de Balzac ».

La date du 2 octobre 1841 est cruciale : il passe un contrat avec un groupe d'éditeurs pour la publication de ses œuvres complètes sous le titre de *La Comédie humaine*. L'ensemble paraît de 1842 à 1848 en dix-sept volumes, complétés en 1855 par un tome XVIII et suivis, toujours en 1855, d'un tome XIX (*Théâtre*) et d'un tome XX (*Contes drolatiques*). *La Comédie humaine* est composée de trois parties : les *Études de mœurs* – elles-mêmes divisées en *Scènes de la vie privée*, *Scènes de la vie de province*, *Scènes de la vie parisienne*, *Scènes de la vie politique*, *Scènes de la vie militaire* et *Scènes de la vie de campagne* –, les *Études philosophiques* et les *Études analytiques*.

En 1843, Balzac et Madame Hanska se retrouvent à Saint-Pétersbourg. Deux ans plus tard, en avril, Honoré de Balzac est fait Chevalier de la Légion d'honneur. L'année suivante, Madame Hanska accouche d'un enfant mort-né, au grand désespoir de l'écrivain. Balzac se présente à nouveau à l'Académie française en 1849 sans succès, malgré les voix d'Hugo et de Lamartine. Il séjourne en Hongrie de septembre 1848 à fin avril 1850, période au cours de laquelle il épouse Madame Hanska le 14 mars 1850. Il rentre à Paris affaibli, presqu'aveugle, vers le 20 mai de la même année. Il ne peut plus écrire. Honoré de Balzac meurt le 18 août 1850. Il est enterré au Père-Lachaise trois jours plus tard, célébré par Hugo dans une superbe oraison funèbre.

PRÉSENTATION DU
LYS DANS LA VALLÉE

Le Lys dans la vallée paraît pour la première fois de novembre à décembre 1835 dans la *Revue de Paris*. Cette publication en feuilleton ne comprend que les deux premières parties (*Les Deux Enfances* et *Les Premières Amours*) en raison d'un différend avec l'éditeur. La version complète du livre fut finalement publiée en juin 1836 chez Werdet. Ce roman s'insère dans les *Scènes de la vie de province* des *Études de mœurs* de *La Comédie humaine*. Cette histoire d'amour impossible constitue sans aucun doute l'apogée du romantisme balzacien.

Une lettre écrite par Félix de Vandenesse à son aimée Mme de Manerville ouvre le livre. Le héros y promet de raconter son passé, et donne l'occasion à Balzac d'écrire un récit à la première personne, ce qui n'est pas dans ses habitudes. Le lecteur découvre alors l'enfance malheureuse du vicomte de Vandenesse, puis sa rencontre avec celle qui incarne véritablement le type même de la femme vertueuse : Mme de Mortsauf. Cette divine créature vit au château de Clochegourde, au milieu d'une somptueuse vallée d'Indre-et-Loire, avec son sombre mari et ses deux enfants malades. Félix, plus jeune, en tombe éperdument amoureux et fera tout pour la conquérir. Leur amour, chaste et platonique, sera en définitive la cause de la mort d'Henriette, surnom que lui donne le jeune homme, cette passion déchirante ne pouvant s'exprimer au grand jour en raison de la situation et de la grande vertu de Mme de Mortsauf.

Le roman, une des plus belles réussites de son auteur, est devenu un mythe de la littérature romantique. Flaubert s'en est ouvertement inspiré pour son *Éducation sentimentale*, et d'autres écrivains tels que Proust et André Gide le citent également en référence. La constante évocation de la nature et des sentiments qui y trouvent écho donne à ce texte d'indéniables vertus poétiques. Il s'agit ici pour Balzac de se focaliser sur les sentiments et les impressions de ses deux personnages principaux, le narrateur, Félix, et Mme de Mortsauf. Ainsi, le texte étant écrit comme un témoignage, voire comme une confession, intègre-t-il une forte part de subjectivité, en opposition au réalisme qui affleure plus généralement dans l'œuvre balzacienne. C'est ce qui fait l'originalité de ce roman, tout en soulignant le génie de Balzac, capable de peindre avec lyrisme et émotion l'âme de ses personnages.

Si le texte est si puissant et si apprécié, c'est en grande partie parce que son auteur s'est inspiré de faits réels et de son histoire personnelle pour la rédiger. Ainsi, les premières pages de la première partie ressemblent à s'y méprendre à une autobiographie, donnant une consistance certaine au personnage de Félix. De même, la comtesse de Mortsauf a souvent été comparée à Laure de Berny, la maîtresse de cœur de Balzac, qui fut comme Henriette pour Félix à la fois une mère et une amoureuse.

Balzac livre donc ici son roman le plus sensible, celui où les événements laissent place aux sentiments, et l'action à l'émotion, pour le plus grand plaisir des lecteurs et en particulier des lectrices, car *Le Lys dans la vallée* est avant tout une célébration de la femme dans toute sa blanche vertu.

RÉSUMÉ DU ROMAN

Nous avons choisi de diviser chacune des trois parties en chapitres allant de cinq à vingt pages en moyenne. Nous avons choisi ces titres en fonction de l'évolution du récit, et espérons que ce choix arbitraire permettra au lecteur d'optimiser son travail.

Le livre s'ouvre sur une lettre de Félix à son aimée, la comtesse Natalie de Manerville. Félix y promet de raconter son passé et prévient cette dernière de l'existence d'un « fantôme ».

Partie I : Les deux enfances

Chapitre 1 : Enfance

Félix raconte son enfance à Tours, du plus loin qu'il s'en souvienne. Cette enfance est plutôt malheureuse, Félix étant négligé et même rejeté par sa mère qui lui préfère ses deux sœurs et son frère aîné. Excellent élève mais très introverti, le jeune garçon est la risée de ses camarades dont les parents sont plus présents. Arrivé à l'adolescence, il souffre terriblement d'un manque d'argent car son père ne lui fournit pas la somme nécessaire à son train de vie, pourtant très calme. Poursuivant sa scolarité à Paris, il n'aura pas l'occasion de connaître ses premiers ébats au Palais-Royal comme tous ses amis, puisqu'il est constamment surveillé par son tuteur M. Lepître. Toutes ces raisons expliquent une disposition d'esprit particulière chez Félix, qui, pour compenser, se plonge à corps perdu dans les livres. Il se décrit d'ailleurs lui-même à vingt ans passés « enfant par le corps et vieux par la pensée... »

Chapitre 2 : La rencontre

Sa mère vient le chercher à Paris pour le ramener à Tours car elle craint des évènements violents dans la capitale. Le passage du duc d'Angoulême à Tours est l'occasion pour Félix d'assister à un bal, sa mère n'étant pas en mesure d'y aller. Il se rend donc au bal pour représenter la famille de Vandenesse et y fait sa première rencontre féminine. Une femme, magnifique et élégante, qui le voyant recroquevillé sur lui-même vient lui parler, lui fait une telle impression qu'il lui vole un baiser. Celle-ci s'en va alors, outrée. Félix est amoureux. Sa mère, inquiète de son comportement étrange, l'envoie alors chez un de ses amis à Frapesle, à la campagne. En découvrant le paysage merveilleux de cette région de la Touraine, Félix se convainc que l'objet de sa passion y habite. À peine arrivé, son hôte, M. de Chessel, lui donne raison en allant rendre visite à leurs voisins, les de Mortsauf, habitants du château de Clochegourde. C'est Mme de Mortsauf qui les reçoit, son mari étant absent.

Chapitre 3 : Amitiés

Félix et Mme de Mortsauf se reconnaissent : elle est bien la femme du bal de Tours. Ils restent à dîner, à la grande joie de Félix. M. de Mortsauf les rejoint : il a un aspect de paysan et a l'air fatigué, mais Félix fait tout pour lui plaire, avec succès. Ce dîner introduit donc Félix à Clochegourde, où il est unanimement apprécié. Dès lors, il y vient tous les jours pour voir Mme de Mortsauf, sous le prétexte d'une entente cordiale avec son mari. Félix devient vite le confident de Mme de Mortsauf car sa nature est telle qu'il la comprend à merveille. Elle lui raconte alors son enfance malheureuse, ses peines dans son ménage, les difficultés de la vie quotidienne avec des enfants malades et un mari parfois tyrannique et toujours égoïste. Un soir où les deux hommes font leur traditionnelle partie de Tric Trac, M. de Mortsauf est atteint d'une crise de nerfs, provoquée par la perte au jeu. Il devient très violent et Mme de Mortsauf demande à Félix de l'attendre dehors pendant qu'elle s'en occupe. Ce sera l'occasion pour le jeune homme de dévoiler son amour à la femme qu'il aime. Celle-ci consent alors à ce qu'il l'appelle Henriette, le nom que lui donnait sa regrettée tante, à la condition qu'il n'exige rien d'elle, et que rien ne change à Clochegourde. Félix est persuadé qu'avec le temps leur profonde amitié se changera en amour intense, il accepte donc avec empressement.

Partie II : Les premières amours

Chapitre 1 : Les derniers mois de l'enfance

Félix fait maintenant presque partie de la famille de Mortsauf. Henriette le considère comme son fils, les enfants, Jacques l'aîné et Madeleine sa petite sœur l'adorent, et M. de Mortsauf est bien heureux de trouver en lui un médiateur pour ses relations, parfois compliquées en raison de son caractère difficile, avec sa femme. La Restauration aura pour cette famille des bontés inespérées et les époux de Mortsauf se voient attribuer les titres de comte et comtesse. Les de Mortsauf sont ainsi mis à l'abri du besoin, et Henriette peut entreprendre de développer l'activité agricole de ses terres. Entretemps, sa mère, la duchesse de Lenoncourt, vient lui rendre visite. Félix apprendra beaucoup sur sa propre famille par son intermédiaire, la duchesse connaissant toutes les composantes du monde parisien. Il sera également le témoin de la froideur avec laquelle cette dernière traite et considère sa fille. Le comte est de plus en plus tyrannique, faisant souffrir toute sa famille avec ses accès de colère. Il se met en tête que sa femme dilapide son argent et pas une journée ne passe sans qu'il accable la malheureuse de ses reproches. Félix renouvelle plusieurs fois sa déclaration, et bien que la comtesse lui témoigne de plus en plus d'affection, elle se refuse à être une mauvaise épouse. L'été passe, puis arrive le jour où Félix doit rentrer à Tours attendre les ordres de son père, laissant Henriette et les enfants inconsolables. Cette dernière lui a laissé une lettre, qu'elle lui fait promettre de n'ouvrir qu'à Paris.

Chapitre 2 : L'ambassadeur du roi

Grâce aux sages conseils sur la manière de se comporter dans le monde prodigués par Henriette dans sa lettre, Félix acquiert vite une position avantageuse dans la société du roi Louis XVIII. Il a des fonctions d'ambassadeur et voyage beaucoup. Félix entretient une correspondance bienveillante avec Mme de Mortsauf, et sa chasteté provoque les railleries du roi qui l'affectionne tout particulièrement et l'appelle en riant « Mademoiselle de Vandenesse ». La fuite qui lui est imposée suite à l'invasion des Prussiens le conduit une première fois à Clochegourde, où il ne restera que très peu de temps. Il repart auprès du roi à Paris, où il restera deux ans. Ayant à présent six mois de temps libre, Félix, devenu un élégant jeune homme à la réputation assurée, retourne à Clochegourde et en fait la surprise à Henriette. Celle-ci, confuse de son étonnement, lui fait promettre de continuer à l'aimer « comme la vierge Marie ». Félix accepte, son dévouement n'a pas de limites. L'état de nerfs de M. de Mortsauf n'a cessé d'empirer avec le désœuvrement qu'amène la prospérité du domaine. Félix lui-même commence à s'impatienter des injustices du maître de maison. Un soir où Henriette et lui tentent d'échapper à la surveillance du comte, ce dernier attrape froid. S'ensuivra une terrible maladie qui le laissera entre la vie et la mort pendant cinquante-deux jours. Cette période sera « la plus heureuse de la vie » de Félix. Libérée du joug de son mari, Henriette est alors toute aux soins à apporter à son préféré. Malheureusement, le comte se rétablit et Félix est rappelé par le roi. Il quitte Clochegourde le cœur lourd, mais y aura récolté un baiser au front ainsi que certains aveux qui maintiennent en lui l'espoir d'un jour faire sienne la comtesse de Mortsauf.

Partie III : Les deux femmes

Chapitre 1 : Félix confondu

De retour à Paris, Félix reprend la vie mondaine que nécessitent ses fonctions. Parmi ses fréquentations, il succombe aux charmes de lady Dudley, une marquise anglaise mariée mais constamment à Paris. Celle-ci lui apporte un amour matériel et physique qu'Henriette ne peut lui promettre. Leur histoire s'ébruite et toute la cour de France est bientôt au courant. Félix, dans le même temps, continue sa correspondance avec la comtesse, ayant en cela l'accord de sa nouvelle maîtresse. Celle-ci est en effet folle du jeune diplomate : elle se dit prête à mourir pour lui. Mais, au bout d'un certain temps, Henriette ne répond plus. Félix, inquiet, se rend donc à Clochegourde, sans pouvoir faire renoncer Arabelle à l'accompagner. Cette dernière restera malgré tout à bonne distance, à Tours, comme Félix lui promet d'aller la voir quand il en aura la possibilité. Arrivé au château, Félix reçoit un accueil froid. Henriette a su les débauches de son ami, et refuse de se laisser appeler par le prénom qu'il utilisait auparavant. Après de longues discussions et des repentirs sincères de Félix, Mme de Mortsauf consent à lui accorder son pardon, sans toutefois approuver pleinement sa conduite. Pour la convaincre, Félix lui a expliqué la nature de son amour pour elle, amour éternel puisqu'il unit deux âmes et non deux corps, au contraire de celui qui le lie à la belle anglaise. Il attend en secret la mort du comte pour espérer vivre sa passion pour Mme de Mortsauf. Fort de son succès, Félix retourne à Paris, non sans s'être au préalable raccommodé avec lady Dudley qui lui reprochait son indécision.

Chapitre 2 : La mort de Mme de Mortsauf

De retour à Paris, Félix et lady Dudley consolident leur relation, non pas par la volonté et la probité de Félix, mais davantage par conjoncture. En faisant la comparaison entre les deux femmes, il réalise la supériorité écrasante de la comtesse. Mais une fois de plus, ses lettres restent sans réponse. Un jour, il surprend une conversation entre le roi et le duc de Lenoncourt. Ce dernier, répondant à une question du souverain, confie que sa fille se meurt. Aussitôt, Félix saute sur son cheval en direction de Clochegourde. Il reçoit un accueil glacial de Madeleine et Jacques, mais le comte est très heureux de le voir, car Mme de Mortsauf, mourante, avait prévu sa venue. Après avoir parlé avec le prêtre, Félix apprend que c'est une vive émotion qui a provoqué l'état dans lequel est Henriette. Il s'accable alors de la responsabilité de la maladie de la comtesse. Celle-ci, qui après s'être apprêtée le reçoit dans un état de démence partielle, se fait brûlante et langoureuse. Félix apeuré quitte la chambre. Il la retrouvera quelques heures plus tard, pour les derniers instants de Mme de Mortsauf, qui meurt apaisée et dans la grâce divine. Elle a confié à Félix, devant la famille et les gens réunis, une lettre qu'elle lui demande de n'ouvrir qu'après sa mort. Félix quitte Clochegourde après l'enterrement, il ne s'y sent plus bien, Madeleine lui étant clairement hostile. Elle a compris depuis longtemps quel mal a précipité sa mère dans la tombe. Félix, seul, lit la lettre. Henriette y explique son amour toujours combattu pour lui, ses tentations, ses regrets, sa jalousie maladive vis-à-vis de lady Dudley, qui fut l'événement provoquant sa maladie. Elle souhaite également que Félix épouse Madeleine, pour que celle-ci soit plus heureuse qu'elle. Félix, éclairé de ces confessions, retourne morose chez Arabelle. Celle-ci, en compagnie de son mari et de de Marsay, le reçoit avec une froideur et un dédain manifeste. Félix se jette alors dans les sciences, la littérature et la politique, et ne s'occupe plus des femmes, fidèle à la promesse qu'il a faite intérieurement à Mme de Mortsauf.

Le livre se ferme sur une lettre de Mme de Manerville à Félix où elle lui indique renoncer à leur amour, car Félix est trop encombré des deux précédentes femmes de sa vie. Elle lui conseille de ne pas s'ouvrir de son passé à son prochain amour et lui reproche de ne pas avoir eu le jugement nécessaire pour le faire avec elle.

LES RAISONS
DU SUCCÈS

Le livre est publié pour la première fois en volume en 1836. Balzac publie également *La Vieille Fille* en feuilleton, dans le journal à deux sous *La Presse*, fondé par Émile de Girardin cette même année. Flaubert fait paraître *Mémoires d'un fou*, Musset écrit *Il ne faut jurer de rien* pour le théâtre et *La Confession d'un enfant du siècle*, son célèbre roman autobiographique. On traduit les deux premières parties de *Don Quichotte de la Mancha* de Cervantès et *La Fille du capitaine* d'Alexandre Pouchkine.

La sortie du *Lys dans la vallée* va cependant faire grand bruit dans le monde littéraire parisien, et ce pour plusieurs raisons qui ont davantage trait aux conditions de sortie du roman qu'au texte lui-même. Premièrement, il faut examiner les raisons qui ont poussé Balzac à écrire un tel roman. En effet, si l'écrivain a un plan bien défini pour l'élaboration de *La Comédie humaine*, où chaque roman constitue un chapitre de l'étude de la société du XIXe siècle, *Le Lys* doit son existence à une critique mal digérée par Balzac émise par son grand ennemi le critique et romancier Sainte-Beuve. Celui-ci publie en 1834 un roman intitulé *Volupté*, qui connaît un certain succès et que Balzac s'empresse de lire. Malgré de nombreux écueils, Balzac trouve le livre intéressant, et estime qu'il comporte de bonnes pages, « fleurs au milieu du désert ». Il décide donc, en réponse à Sainte-Beuve, de s'approprier *Volupté* et d'écrire un roman dans la même veine, mais bien supérieur, et s'en vante dans la préface du *Père Goriot*. Le roman de Balzac sera unanimement déclaré meilleur que celui de son adversaire et Sainte-Beuve concevra à partir de ce moment une haine inextinguible envers l'écrivain. Mais Balzac n'a pas que Sainte-Beuve pour ennemi. En effet, le directeur de la *Revue des deux mondes*, François Buloz, où Balzac publie certains de ses romans sous forme de feuilleton, vend à Saint-Pétersbourg les épreuves non corrigées du *Lys*.

Balzac poursuit son éditeur en justice. Tout ce bruit autour du roman, avant même sa sortie, contribue bien évidemment au succès de celui-ci, au-delà du fait que le texte en lui-même soit une indéniable réussite.

Concernant le texte lui-même, *Le Lys dans la vallée* est un véritable chef-d'œuvre de lyrisme et de poésie. L'histoire d'amour impossible entre un jeune aristocrate de province et l'incarnation de la grâce féminine qu'est Mme de Mortsauf permet à l'écrivain de délivrer une histoire non seulement exaltante mais également hautement morale. Les obstacles de la vie que rencontrent Félix et Henriette donnent lieu à des dialogues enflammés qui séduisent immanquablement la gente féminine et forcent l'admiration des gentilshommes. Mais ce qui fait du Lys une référence de la littérature romantique, ce sont les longues et magnifiques descriptions de la nature, les superbes tableaux champêtres que Balzac nous donne de cette vallée d'Indre-et-Loire, perdue semble-t-il au milieu de la Touraine. Balzac parvient à merveille à faire résonner les souffrances et les joies de ses héros dans cette nature si propice au romantisme.

Avec ce livre, Balzac se fond dans la masse des écrivains en vogue à cette époque tels que Lamartine et Hugo, et obtient légitimement un succès critique et commercial. « Nous n'avons guère de roman d'amour aussi profond ni de figure plus pathétique que Mme de Mortsauf. Elle est à jamais inséparable du paysage où Balzac l'a placée. », selon André Bellessort.

LES THÈMES
PRINCIPAUX

Le thème principal du *Lys* est de façon évidente l'amour. Mais ce thème, présent tout au long du récit, est le prétexte à l'évocation d'autres sujets, traités avec beaucoup de véracité par Balzac.

Le premier de ces thèmes, si l'on respecte la chronologie du roman, est l'éducation, ou plutôt les relations entre les parents et les enfants. Félix et Mme de Mortsauf ont tous deux reçu peu d'affection et d'amour parental. La mère d'Henriette la négligeait car ses trois précédents fils étaient morts quand celle de Félix lui préférait ses deux sœurs et son frère aîné. Tous les deux cadets de leur famille, ils souffrent d'un manque de tendresse et d'amour qui les fera se reconnaître au premier regard. Les deux amants ont, par là même, une personnalité très similaire, qui fait qu'ils se comprennent si bien et s'aiment si vite : « La sensibilité coule à torrents, il en résulte d'horribles affaiblissements, d'indicibles mélancolies pour lesquelles le confessionnal n'a pas d'oreilles. N'ai-je pas exprimé nos communes douleurs ? » Cette question de Félix trouvera dans le cœur de Mme de Mortsauf une réponse positive, au point qu'elle se demande si Félix « a été femme » précédemment. Ces deux personnages se définissent donc par leur hypersensibilité, résultat d'un manifeste manque d'amour pendant l'enfance.

Balzac place ce roman dans ses *Études de mœurs*, mais au-delà d'une telle étude, c'est bien à une étude psychologique que se livre le romancier. Ainsi, on l'a vu, les caractères de Félix et de Mme de Mortsauf trouvent leur explication dans l'enfance et l'éducation. Il en est ainsi de chaque personnage important du récit : Balzac explique l'hypocondrie et le caractère sombre de M. de Mortsauf par le fait qu'il soit un ancien soldat de la Grande armée. Son émigration lui colle au corps comme à l'esprit, il a ainsi le physique d'un « vieillard », alors qu'il a à peine quarante-cinq ans. De même, Balzac se livre à une longue étude du caractère anglais, avec la peinture du comportement et du caractère de lady Dudley. Chacun de ces personnages donne lieu à une véritable psychanalyse, elle-même menant à l'élaboration d'une « figure-type ». Ainsi, l'écrivain passe de la réalité factuelle à la théorie, en bon analyste qu'il est. Cette piste psychologique, rarement si développée chez Balzac, est bien le symptôme d'un romantisme certain.

Mme de Mortsauf, qui est, bien plus que Félix, un personnage complexe « avec sa destinée tragique, son cœur ouvert aux plus humaines tendresses, et son âme tournée vers le ciel » (M. Le Yaouanc), est tout à fait remarquable par la vertu inébranlable dont elle fait preuve tout au long du récit. Cette femme de haute moralité se repose sur la religion pour garder un comportement irréprochable. Elle voue son âme à Dieu, et seuls cette foi et le respect des règles qu'elle implique la sauve d'une souillure qui la tiraille à chaque instant. C'est ici l'occasion pour Balzac d'aborder le thème de la religion. Bien que Mme de Mortsauf souffre toute sa vie de ne pouvoir vivre son amour pour Félix par vertu et foi chrétienne, son ultime récompense sera de mourir sereine et apaisée. À l'injustice de la vie terrestre et des souffrances de Mme de Mortsauf, dues à ses enfants, son mari, ses terres, toutes ces choses matérielles, Balzac oppose la justice divine. De même, Félix ne l'aime que plus, impressionné qu'il est de la résistance qu'oppose cette femme aux plaisirs de la terre, en prévision des jouissances du ciel. Ce mysticisme n'est pas surprenant chez Balzac, qui évoque la philosophie de Saint-Martin à dessein dans plusieurs de ses romans. Cet amour de Dieu et cette confiance absolue dans les vertus d'une conduite digne et honorable s'oppose au comportement de lady Dudley qui fait découvrir les plaisirs de la chair à Félix. Par l'intermédiaire de ce personnage, Balzac se livre à une opposition qualitative entre la femme anglaise et la femme française, entre l'anglicane et la catholique, entre le matérialisme et la charité, puisqu'on apprend à la mort de la comtesse qu'elle économisait pour donner aux nécessiteux de sa province. C'est bien sûr Mme de Mortsauf qui l'emporte dans ce combat entre le bien et le mal, et Félix lui vouera son cœur et son âme même après sa mort. On voit là que le roman comporte un aspect moralisateur très appuyé.

Enfin, le dernier thème principal abordé dans *Le Lys*, et que l'on retrouve dans le titre même de l'œuvre, est celui de la nature. Ici la nature est toujours en accord avec les sentiments des protagonistes. Le personnage de Mme de Mortsauf est ce lys, fleur blanche, symbole de noblesse et de pureté. Le prénom de la comtesse est d'ailleurs Blanche, Henriette étant le surnom que lui donnait sa bien-aimée tante. Quand Henriette meurt, la nature manifeste sa tristesse : « Au moment où le cortège quitta la chaussée des moulins, il y eut un gémissement unanime mêlé de pleurs qui semblait faire croire que cette vallée pleurait son âme. » De même, pendant les instants de bonheur, la vallée revêt ses plus belles couleurs, et le château de Clochegourde, par les soins de Félix, est rempli des bouquets méticuleusement confectionnés par celui-ci. Enfin au début du roman, quand Félix aperçoit pour la première fois la vallée qui abritera ses amours, il a cette pensée si révélatrice : « Si cette femme, la fleur de son sexe, habite un lieu dans le monde, ce lieu, le voici ! » Le château de Clochegourde est lui aussi « ouvragé comme une fleur ». Les références champêtres et florales sont innombrables tout au long du récit, et le lecteur a l'impression constante, par la prose de Balzac, d'évoluer dans un jardin de sentiments ou dans une forêt de mélancolie, selon l'état des sentiments des personnages. C'est le tour de force que réussit Balzac avec *Le Lys dans la vallée* : décrire un monde, une nature à l'unisson des sentiments de ceux qui y habitent. Il fait ainsi souffler sur la vallée où coule paisiblement l'Indre ce vent divin si bien évoqué par les poètes.

ÉTUDE DU MOUVEMENT LITTÉRAIRE

Dans *La Comédie humaine*, Balzac couvre plusieurs genres littéraires. Mais il préfère lui-même qualifier le genre de son œuvre d'« étude de mœurs ». Ce genre, comme son nom l'indique, consiste à décrire avec objectivité et rigueur les habitudes et les comportements d'une catégorie sociale ou de plusieurs catégories sociales à un moment donné de l'histoire. En cela, Balzac est précurseur. C'est d'ailleurs le seul romancier de son époque que l'on a toujours du mal à inclure dans un mouvement. Certains de ses romans sont romantiques (*Le Lys dans la vallée*), d'autres philosophiques et fantastiques (*La Peau de chagrin*) et d'autres enfin réalistes, constituant la plus grande partie de son œuvre. La difficulté de réellement catégoriser l'œuvre de Balzac en tant qu'ensemble vient du fait que justement il couvre plusieurs mouvements littéraires.

Cependant, tous s'accordent à dire que Balzac est l'inventeur du roman moderne, suppléant la mode du feuilleton. La différence entre les deux vient du fait qu'un roman comporte une épine dorsale, un plan et une fin quand commence l'écriture, alors que le feuilleton s'écrit au fur et à mesure. Il a ainsi créé l'idée de personnages récurrents, apparaissant dans plusieurs de ses romans. Son idée première était de « remplacer l'État civil », c'est-à-dire créer toute une foule de personnages peuplant une société entière, impliquant tous les caractères et toutes les catégories sociales. Il ne s'agissait pas moins que de fournir une description complète de son siècle à travers ses romans. C'est pourquoi l'œuvre balzacienne doit être considérée absolument dans son ensemble, chaque roman étant un chapitre de ce « roman du siècle ». Zola l'avait d'ailleurs reconnu, avec cette constatation que : « L'épopée moderne, créée en France, a pour titre la Comédie Humaine et pour auteur Balzac. »

Le réalisme attribué à Balzac est dû au fait qu'il cherche à peindre la réalité telle qu'elle est, sans artifice et sans idéalisation. Mais le réalisme se limite généralement aux classes moyennes et populaires et a pour thème les relations conjugales ou le travail salarié, alors que Balzac embrasse une multitude de thèmes et de sujets bien plus vastes. Le réalisme est incarné par Zola et correspond à la seconde moitié du XIXe siècle, quand Balzac décrit la société du début et de la moitié de ce même siècle.

DANS LA MÊME COLLECTION
(par ordre alphabétique)

- **Anonyme**, *La Farce de Maître Pathelin*
- **Anouilh**, *Antigone*
- **Aragon**, *Aurélien*
- **Aragon**, *Le Paysan de Paris*
- **Austen**, *Raison et Sentiments*
- **Balzac**, *Eugénie Grandet*
- **Balzac**, *Illusions perdues*
- **Balzac**, *La Cousine Bette*
- **Balzac**, *La Femme de trente ans*
- **Balzac**, *Le Colonel Chabert*
- **Balzac**, *Le Père Goriot*
- **Barbey d'Aurevilly**, *L'Ensorcelée*
- **Barbey d'Aurevilly**, *Les Diaboliques*
- **Bataille**, *Ma mère*
- **Baudelaire**, *Les Fleurs du Mal*
- **Baudelaire**, *Petits poèmes en prose*
- **Beaumarchais**, *Le Barbier de Séville*
- **Beaumarchais**, *Le Mariage de Figaro*
- **Beauvoir**, *Mémoires d'une jeune fille rangée*
- **Beckett**, *En attendant Godot*
- **Beckett**, *Fin de partie*
- **Brecht**, *La Noce*
- **Brecht**, *La Résistible ascension d'Arturo Ui*
- **Brecht**, *Mère Courage et ses enfants*
- **Breton**, *Nadja*
- **Brontë**, *Jane Eyre*
- **Camus**, *L'Étranger*
- **Carroll**, *Alice au pays des merveilles*

- **Céline**, *Mort à crédit*
- **Céline**, *Voyage au bout de la nuit*
- **Chateaubriand**, *Atala*
- **Chateaubriand**, *René*
- **Chrétien de Troyes**, *Perceval*
- **Cocteau**, *La Machine infernale*
- **Cocteau**, *Les Enfants terribles*
- **Colette**, *Le Blé en herbe*
- **Corneille**, *Le Cid*
- **Crébillon fils**, *Les Égarements du cœur et de l'esprit*
- **Defoe**, *Robinson Crusoé*
- **Dickens**, *Oliver Twist*
- **Du Bellay**, *Les Regrets*
- **Dumas**, *Henri III et sa cour*
- **Duras**, *L'Amant*
- **Duras**, *La Pluie d'été*
- **Duras**, *Un barrage contre le Pacifique*
- **Flaubert**, *Bouvard et Pécuchet*
- **Flaubert**, *L'Éducation sentimentale*
- **Flaubert**, *Madame Bovary*
- **Flaubert**, *Salammbô*
- **Gary**, *La Vie devant soi*
- **Giraudoux**, *Électre*
- **Giraudoux**, *La Guerre de Troie n'aura pas lieu*
- **Gogol**, *Le Mariage*
- **Homère**, *L'Odyssée*
- **Hugo**, *Hernani*
- **Hugo**, *Les Misérables*
- **Hugo**, *Notre-Dame de Paris*
- **Huxley**, *Le Meilleur des mondes*
- **Jaccottet**, *À la lumière d'hiver*
- **James**, *Une vie à Londres*
- **Jarry**, *Ubu roi*

- **Kafka**, *La Métamorphose*
- **Kerouac**, *Sur la route*
- **Kessel**, *Le Lion*
- **La Fayette**, *La Princesse de Clèves*
- **Le Clézio**, *Mondo et autres histoires*
- **Levi**, *Si c'est un homme*
- **London**, *Croc-Blanc*
- **London**, *L'Appel de la forêt*
- **Maupassant**, *Boule de suif*
- **Maupassant**, *Le Horla*
- **Maupassant**, *Une vie*
- **Molière**, *Amphitryon*
- **Molière**, *Dom Juan*
- **Molière**, *L'Avare*
- **Molière**, *Le Malade imaginaire*
- **Molière**, *Le Tartuffe*
- **Molière**, *Les Fourberies de Scapin*
- **Musset**, *Les Caprices de Marianne*
- **Musset**, *Lorenzaccio*
- **Musset**, *On ne badine pas avec l'amour*
- **Perec**, *La Disparition*
- **Perec**, *Les Choses*
- **Perrault**, *Contes*
- **Prévert**, *Paroles*
- **Prévost**, *Manon Lescaut*
- **Proust**, *À l'ombre des jeunes filles en fleurs*
- **Proust**, *Albertine disparue*
- **Proust**, *Du côté de chez Swann*
- **Proust**, *Le Côté de Guermantes*
- **Proust**, *Le Temps retrouvé*
- **Proust**, *Sodome et Gomorrhe*
- **Proust**, *Un amour de Swann*
- **Queneau**, *Exercices de style*

- **Quignard**, *Tous les matins du monde*
- **Rabelais**, *Gargantua*
- **Rabelais**, *Pantagruel*
- **Racine**, *Andromaque*
- **Racine**, *Bérénice*
- **Racine**, *Britannicus*
- **Racine**, *Phèdre*
- **Renard**, *Poil de carotte*
- **Rimbaud**, *Une saison en enfer*
- **Sagan**, *Bonjour tristesse*
- **Saint-Exupéry**, *Le Petit Prince*
- **Sarraute**, *Enfance*
- **Sarraute**, *Tropismes*
- **Sartre**, *Huis clos*
- **Sartre**, *La Nausée*
- **Senghor**, *La Belle histoire de Leuk-le-lièvre*
- **Shakespeare**, *Roméo et Juliette*
- **Steinbeck**, *Les Raisins de la colère*
- **Stendhal**, *La Chartreuse de Parme*
- **Stendhal**, *Le Rouge et le Noir*
- **Verlaine**, *Romances sans paroles*
- **Verne**, *Une ville flottante*
- **Verne**, *Voyage au centre de la Terre*
- **Vian**, *J'irai cracher sur vos tombes*
- **Vian**, *L'Arrache-cœur*
- **Vian**, *L'Écume des jours*
- **Voltaire**, *Candide*
- **Voltaire**, *Micromégas*
- **Zola**, *Au Bonheur des Dames*
- **Zola**, *Germinal*
- **Zola**, *L'Argent*
- **Zola**, *L'Assommoir*
- **Zola**, *La Bête humaine*